LES

CARAVANES FRANÇAISES

AU SOUDAN

RELATION DU VOYAGE D'ALI-BEN-MEHRIN

Conducteur de la caravane de M. J. SOLARI

PAR LE DOCTEUR A. MAURIN

ANCIEN MAÎTRE DE CONFÉRENCES A L'INSTITUT AGRONOMIQUE DE VERSAILLES.
CHIRURGIEN ADJOINT A L'HOPITAL CIVIL D'ALGER.

PARIS

CHALLAMEL AINÉ, LIBRAIRE-ÉDITEUR

Commissionnaire pour l'Algérie, les colonies et l'Orient,

30, rue des Boulangers-Saint-Victor.

ALGER	CONSTANTINE
BASTIDE, LIBRAIRE-ÉDITEUR	ALESSI ET ARNOLET, LIBRAIRES
Place du Gouvernement.	Rue du Palais.

1863

EN VENTE

Chez CHALLAMEL aîné

LIBRAIRE-ÉDITEUR,

Commissionnaire pour l'Algérie, l'Orient, la marine et les colonies

30, RUE DES BOULANGERS-SAINT-VICTOR (V⁰ arr.), PARIS.

Résultats obtenus jusqu'à ce jour par les explorations entreprises sous les auspices du gouvernement de l'Algérie pour pénétrer dans le Soudan; in-8° avec une carte. Cette brochure est publiée par LE BUREAU POLITIQUE DES AFFAIRES ARABES. 1 fr. 50

Note sur les Touaregs et leur pays, par M. HENRY DUVEYRIER, br. in-8°. (Extrait du *Bulletin de la Société de géographie.*)

Itinéraire historique et archéologique de Philippeville à Constantine, présentant le tracé de la voie romaine, par **M. V. A. MALTE-BRUN**, in-8°, carte. . . . . 1 fr. 50

Le Sahara et le Soudan. Documents historiques et géographiques recueillis par le Cid-el-Hadj-Abd-el-Kader-ben-Abou-Bekr-el-Touaty, avec un *Alphabet touareg* inédit, par M. l'abbé J. BARGÈS, broch. in-8°. . . . . . 1 fr. 50

Relation du voyage de M. le capitaine de Bonnemain, d'El-Oued à R'dâmès (1855-57), avec une carte itinéraire où se trouvent le plan de R'dâmès et l'esquisse des routes vers cette ville, par M. CHERBONNEAU, br. in-8°. 1 fr. 50

Carte de la régence de Tripoli et des routes commerciales de l'Afrique, par MM. PRAX et RENOU ; une feuille in-plano. . . . . 3 fr.

Voyage dans l'Afrique centrale exécuté de 1849 à 1856, par le docteur Livingstone; résumé par M. V. A. MALTE-BRUN, in-8° avec une carte. 4 fr.

Résumé historique de l'exploration faite dans l'Afrique centrale, de 1853 à 1856, par le docteur Ed. Vogel; par **M. V. A. MALTE-BRUN**, in-8° avec carte. . . . . 3 fr. 50

LES

CARAVANES FRANÇAISES

AU SOUDAN

RELATION DU VOYAGE D'ALI-BEN-MEHRIN

Conducteur de la caravane de M. J. SOLARI

PAR LE DOCTEUR A. MAURIN

ANCIEN MAÎTRE DE CONFÉRENCES A L'INSTITUT AGRONOMIQUE DE VERSAILLES.
CHIRURGIEN ADJOINT A L'HOPITAL CIVIL D'ALGER.

PARIS

CHALLAMEL AINÉ, LIBRAIRE-ÉDITEUR

Commissionnaire pour l'Algérie, les colonies et l'Orient,

30, rue des Boulangers-Saint-Victor.

ALGER	CONSTANTINE
BASTIDE, LIBRAIRE-ÉDITEUR	ALESSI ET ARNOLET, LIBRAIRES
Place du Gouvernement.	Rue du Palais.

1863

CARAVANES FRANÇAISES

AU SOUDAN

§ I.

Les voyages accomplis dans les régions sahariennes peuvent être divisés en deux catégories :

1° Ils ont eu lieu sous l'inspiration de la curiosité, de l'amour de la science pure, et comptent un grand nombre d'illustrations, à la tête desquelles nous devons placer le docteur Barth, qni a parcouru le Soudan et a laissé une description dont l'exactitude est chaque jour vérifiée par les explorateurs qui s'engagent dans ces contrées inconnues.

2° Ces voyages ont eu lieu sous une inspiration commerciale.

Il n'entre pas dans le cadre de ce travail de faire connaître les détails consignés dans les relations écrites par les voyageurs. Il nous semble intéressant de faire connaître au commerce français quelles ressources peuvent offrir les contrées situées au cœur de l'Afrique, quels débouchés peuvent y trouver les produits de notre industrie.

Étant connus les populations, leurs mœurs, leur degré de

civilisation, leurs besoins matériels qui deviennent l'occasion des échanges, il s'agit de déterminer la route la plus sûre, la plus rapide pour le transport des marchandises.

On doit à M. le capitaine d'état-major de Polignac, adjoint au bureau arabe politique d'Alger, un court travail imprimé en avril 1862 et intitulé : *Résultats obtenus jusqu'à ce jour par les explorations entreprises sous les auspices du gouvernement de l'Algérie pour pénétrer dans le Soudan* (1).

On trouve, dans ce travail, deux périodes. La première commence en 1850 et va jusqu'en 1857. La seconde commence en 1857 et se poursuit jusqu'en 1862. Nous en ajouterons une troisième qui commence en 1862 et se poursuivra, espérons-le, avec fruit et persévérance.

La première tentative est faite par M. Renaud, en 1850. Elle avorta par l'influence du cheikh N'gouça, qui le fit arrêter et l'obligea à repartir.

Ce voyage avait lieu à l'est de nos possessions par Ouargla, Goléa, le Touat.

La seconde tentative fut faite à la même époque par M. Berbrugger, qui a rendu à l'Algérie bien d'autres services, et qui, dans l'ordre scientifique, peut être considéré comme l'un des hommes qui ont le plus contribué à l'élévation de la colonie. Il visita la Tunisie, le Djerid, le Souf, l'Oued-R'ir, les Oasis de Nefta, Touggourt et le M'zab. C'était beaucoup plus qu'on n'avait encore tenté, ce n'était pas encore assez pour ouvrir les portes du Soudan. Mais l'attention était éveillée et il fallait attendre que l'effervescence religieuse qui soulevait toutes les tribus insoumises, surtout celles du Sud, eût fait place au calme qui est le fruit d'une longue paix.

Des projets de voyage fermentèrent pendant quelques années. Le gouvernement général de l'Algérie était sans cesse préoccupé de cette grave question. Enfin le capitaine Bonnemain fit connaître Ghadamès, où il pénétra avec une caravane conduite par le cheikh Ahmed-Ben-Touati.

(1) Alger, Bastide, libraire. — Paris, Challamel aîné, libraire, 30, rue des Boulangers-Saint-Victor.

La première période commence en 1857, c'est-à-dire au moment où le cheikh Othmann est mis en contact avec notre gouvernement par le khalifa Si-Hamza et conduit à Alger. L'accueil que le maréchal Randon, alors gouverneur général de l'Algérie, fit à ce chef, la vue des progrès que l'Algérie avait réalisés sous la domination française, ouvrirent les yeux à Si-Othman. Il conçut dès lors le projet de devenir le trait d'union entre les tribus lointaines qu'il commande et le commerce français. Il prépara dans son pays les voies des transactions et conduisit lui-même une caravane jusqu'à la ville de Ghât.

Il avait gagné à notre cause l'un des chefs les plus vénérés de la tribu Azgar du pays des Touaregs, le cheikh El-Hadj-Ikhenaukhen, et il ne fallut rien moins que cette haute influence pour empêcher la caravane d'être entièrement détruite par des fanatiques ameutés par les Chàmbas, ennemis acharnés des Touaregs.

En 1858, le cheikh Othmann conduisit une nouvelle caravane jusqu'à la ville de Ghât; mais ce chef était déjà suspect aux indigènes, on le disait gagné par les présents des chrétiens. L'esprit de guerre gagnait tous les esprits. Le fanatisme musulman enivrait toutes les têtes; peu s'en fallut que Si-Othmann ne fût sacrifié avec toute la caravane. Néanmoins, le calme se rétablit, et un interprète du bureau arabe de Laghouât, M. Ismaël Bouberda, put vérifier l'exactitude des observations recueillies par le docteur Barth sur cette contrée.

En 1859, M. Henri Duveyrier se donna la mission glorieuse de pénétrer dans le Touat. Il partit de l'est de nos possessions, parvint jusqu'à El-Goléa par Metlili; mais il fut obligé, après une captivité pleine de périls, de renoncer momentanément à son projet de suivre la route de Tombouctou.

A la même époque, le lieutenant-colonel de Colomb recueillait et publiait des renseignements précieux sur le Gourara et le Touat.

En 1860, le commandant Colonieu et le lieutenant Burin du cercle de Geryville, partirent avec les caravanes de Sidi-Chikh, et allèrent jusqu'à Ti-Mimoûn, dont les portes leur furent fermées. Nous ne saurions passer sous silence les

lignes suivantes que nous trouvons consignées dans le travail
du capitaine de Polignac :

« Il faut attribuer ce qui s'est passé à Ti-Mimoûn, moins au
« voisinage du chérif Ben-Abd-Allah et à des haines fana-
« tiques qu'il avait dû exciter, qu'aux inquiétudes des négo-
« ciants de Ti-Mimoûn, qui, intermédiaires actuels dans le
« commerce *considérable* qui se fait entre le Soudan et le
« Maroc, craignirent de voir ce commerce tomber entre les
« mains de nos marchands. »

M. Henri Duveyrier reprit, en 1860, sa tentative d'exploration par l'est. Il ne put pénétrer à Ghât, il s'arrêta à Mourzoug
dans le pays habité par les Touaregs-Azgars. Il entra en relation avec Ikhenaukhen, avec le cheikh de Tombouctou lui-
même. Nous laisserons au lecteur le plaisir de lire les observations que M. H. Duveyrier doit publier de son intéressant
voyage accompli à travers mille péripéties dangereuses.

M. Cusson a tout nouvellement entrepris de pénétrer dans
le Touat par l'ouest, mais nous ne connaissons pas encore le
résultat de cette exploration.

Ici se place la troisième période que nous appellerons la
période commerciale. Un voyage a été fait dans le mois de
novembre 1862, par un indigène nommé Ali-Ben-Mehrin, qui
a pénétré dans le Gourara jusqu'à Ti-Mimoûn avec une caravane chargée de marchandises françaises. C'est la relation de
ce curieux voyage qui fait l'objet de notre travail.

§ II.

A peu près à la même époque, partaient, vers la fin de
l'année 1862, deux expéditions pour le Sahara. — L'une, de
la province d'Alger et s'arrêtait à Ghadamès. — C'était une
expédition officielle, diplomatique, dont les résultats nous
sont aujourd'hui connus par les conventions conclues entre
les chefs des Touaregs, au nom de l'Empereur, par le commandant Mircher. (*Moniteur universel* du 10 mars 1863.)

Un peu plus tard partait de l'extrémité de la province
d'Oran, à l'ouest de nos possessions, une caravane très-paci-
fique, sans prestige de force, sans souci des dangers du voyage,
organisée par un négociant français et confiée aux soins et à
l'intelligence d'un indigène nommé Ali-Ben-Mehrin. Fils de
marabout, fidèle à ses croyances, mais profondément imbu
des avantages que son pays a trouvés sous la domination française et des progrès que l'Algérie peut réaliser à l'abri d'une
paix de longue durée, Ali sert, sans arrière-pensée, le maître
qu'il s'est donné. — Il était le chef de la caravane de M. Jacques Solari, composée de soixante chameaux portant toute
sorte de marchandises, de nature à satisfaire les premiers besoins des peuples indigènes : du savon, de l'huile, du café,
du sucre, de la bougie, du papier, de l'encre, du thé et toutes
sortes d'épices ; de la quincaillerie, des fers ouvrés, des haches,
des marteaux, des chaînes, des scies, des limes, des pioches,
des pelles, de l'acier en lames, enfin toute la série d'outils
propres à l'agriculture et aux premiers métiers de l'homme.

C'était la première fois que des intérêts sérieux allaient se
mettre en contact avec ceux des peuplades de l'intérieur de
l'Afrique ; c'était la première fois que le commerce français
allait sonder les mystères de la route du Soudan.

Depuis des siècles, vers le milieu de novembre, des caravanes s'organisent dans le Sud, composées de représentants de chaque tribu ; ce sont les Zouas, les Trafis, les Oulad-Zias, les Lagrouat, les Oulad-Sidi-Chikh, qui vont conduire dans le Gourara des troupeaux de moutons et de chameaux ; des laines, du beurre indigène renfermé dans des outres, et rapportent en échange des dattes, des dépouilles d'autruche, de la poudre d'or ; nous n'oserions pas dire des esclaves, si le fait n'était parfaitement exact, car l'esclavage, aboli en droit dans nos possessions algériennes, n'en existe pas moins en fait dans toutes les familles qui vivent sous la tente dans les hauts plateaux du Tell.... Disons mieux, il existe jusque dans nos villes les plus considérables de l'Algérie. Ce qu'on appelle des serviteurs dans les familles maures, arabes ou même israélites, ne sont que des esclaves, que le maître ne cède qu'à beaux deniers comptants. C'est une habitude que l'on aura bien de la peine à déraciner, d'autant que la marchandise nègre ou négresse n'a pas le sentiment d'une amélioration possible dans sa destinée en dehors de ce trait d'union entre elle et le maître, trait d'union cimenté le plus souvent par une intimité qui efface toute distance et intervertit les rôles au gré des caprices du cœur.

C'est à El-Biod-Sidi-Chikh, non loin de Géryville, qu'est le lieu de réunion des hommes de la tribu qui vont présider aux échanges avec les peuplades du Gourara. Plus de vingt mille chameaux portant avec eux les tentes et la famille, et conduits par des milliers d'hommes, composent l'élément de cette émigration lointaine. Pour qui n'a pas vu un pareil spectacle, il est impossible de comprendre l'existence de la race arabe, il est impossible de saisir et d'apprécier les points de contact entre ce peuple, mobile comme l'onde, et la civilisation européenne !

Hier il y avait, sur un point déterminé, dix mille tentes, cent mille têtes de bétail ; toute une ville, toute une armée ; des femmes, des enfants ; des seigneurs et maîtres, des esclaves ; de l'or, des armes et tout le bruit, tout le bourdonnement qui s'élève dans l'immensité d'un essaim d'hommes réunis. Au lever du soleil tout a disparu. Au loin, une longue

ligne noire, profilée sur un terrain aride ou sur un sable rougi
par le feu du soleil! Qu'un peu de vent s'élève, qu'un nuage
s'entr'ouvre dans le ciel et il ne reste pas même la trace des
pas que l'homme a imprimés sur le sol!

Le départ n'a lieu qu'après de grandes réjouissances usitées
chez les peuples pasteurs. D'abord un sacrifice à Sidi-Chikh,
le marabout vénéré, d'où descendent les membres de la famille
de Si-Hamza, afin que le voyage soit heureux; afin qu'il fixe
les sables du désert ; afin que les puits ne tarissent point ; afin
que le simoün ne souffle point sur la caravane! C'est à qui
offrira un chameau, un mouton, du beurre, des toisons, des
bernouss, des haïks ou même de l'argent... On fait parler la
poudre, on s'enivre sous le charme de la *fantasia* et de ces
jeux de guerre que les Arabes connaissent mieux qu'aucun
peuple du monde, puis la caravane défile, famille par famille à
travers le désert, se surveillant mutuellement et au besoin se
prêtant secours!

La cargaison d'Ali, si elle avait été exposée au grand jour
au milieu de cet immense développement de produits indigènes, aurait sans doute produit l'effet d'un écrin versé au
milieu des sables..... et pourtant M. Jacques Solari, timide
comme tout homme qui risque sa fortune, n'avait choisi que
des denrées de facile échange.

Nous avons eu la curiosité bien naturelle de connaître les
détails de ce long et intéressant voyage, nous avons interrogé
la mémoire du fidèle Ali, nous avons passé de longues heures
à écouter son récit et nous le livrons à la publicité avec l'espé-
rance d'être utile à une cause qui intéresse, à un si haut point,
l'industrie française. Écoutons donc Ali.

§ III.

« Je me trouvai à l'époque fixée par les tribus au lieu du
« rendez-vous général à Sidi-Chikh, et ma petite caravane prit
« la suite de celle des Trafis, des Zouas et des Oulad-Sidi-
« Chikh…. Perdu dans la foule, je n'avais rien à redouter pour
« mes marchandises jusqu'au lieu de destination, jusqu'à Ti-
« Mimoùn. Le temps était favorable, la température délicieuse,
« il faisait plutôt frais que chaud et les chameaux marchaient
« sans fatigue.

« A deux journées, on s'arrête sur les bords de l'Oued-el-
« Benoud, rivière qui coule au milieu des palmiers. On par-
« court un espace considérable dans les sables (huit journées)
« avant d'arriver au *Grand-Puits des caravanes*, où vingt mille
« chameaux peuvent s'abreuver sans difficulté. Au delà de ce
« puits, on ne rencontre plus rien et on marche dans le désert
« jusqu'à Sidi-Mansour, Oasis située au milieu des palmiers.
« Après nous être reposés dans l'Oasis et y avoir pris de l'eau,
« nous cheminâmes vers les Ouled-Haïackh, qui me reçurent
« fort bien et m'offrirent l'hospitalité. La ville, assez impor-
« tante, est noyée dans une forêt de palmiers et possède au
« moins 350 à 400 maisons, dont un grand nombre à terrasses
« superposées. C'est un pays de dattes, je n'ai pas remarqué
« d'autres cultures, si ce n'est quelques jardins, car l'eau y est
« très-abondante.

« A une journée de marche des Ouled-Haïack, et après
« avoir traversé plusieurs petits villages où je ne voulus point
« m'arrêter, j'arrivai chez les Hadj-Guelmanns, tribu plus con-
« sidérable, où il y a une ville de quatre cent à quatre cent
« cinquante maisons réunies et, en outre, un grand nombre

« de villages. L'eau y est en grande abondance et la culture
« très-avancée. J'y trouvai des vignes, des figuiers et des
« légumes de toute sorte cultivés chez les Arabes. Je fus
« convié à la Diffa ; là, je pus remarquer que les femmes fort
« belles ne se couvrent point le visage ; elles portent aux
« oreilles et sur la tête de beaux bijoux d'or, de nacre et de
« corail. Le costume des hommes et des femmes est de tous
« points semblable à celui des Arabes de l'Algérie.

« Après quatre heures de marche, j'arrivai aux Oulad-Saïd,
« dont la ville est très-grande et aussi étendue que celle
« d'Oran. Il n'y a pas moins de deux à trois mille maisons ;
« elles sont toutes blanches et spacieuses ; il y a de belles
« mosquées, moins grandes extérieurement que celles d'Alger
« mais non moins ornées à l'intérieur.

« Ici, tout respire l'aisance et la richesse, les costumes, les
« habitations, les jardins et les environs de la ville, qui sont
« couverts de vignes et de plantations de figuiers. Dans la
« campagne on aperçoit un grand nombre de villages situés
« au milieu d'une forêt de palmiers, qui s'étend aussi loin que
« la vue puisse porter. Là, viennent les produits du Soudan ;
« les dents d'éléphants, la poudre d'or, les tissus de laine
« haïks et bernouss et même les tissus de coton, qui vient
« naturellement et à l'état arborescent dans toute la contrée.

« De cette belle ville jusqu'à Ti-Mimoùn, qui est la ville la
« plus importante et où habite le sultan Hadj-Mohammed-
« Abd-Errhamam, il n'y a qu'une journée.

« Les Oulad-Saïd ne voulaient point me recevoir. « Nous
« ne voulons point, disaient-ils, des chrétiens, ni des employés
« des chrétiens. » Leur refus pourtant se bornait là et aucune
« démonstration hostile ne s'y joignait. Je leur fis observer
« qu'ils recevaient bien les caravanes qui venaient du Maroc
« et qui leur apportaient les produits des fabriques anglaises ;
« que les Anglais étaient des infidèles comme les Français,
« mais que la *marchandise n'avait point de croyance*, et que je
« ne venais point leur apporter le désordre, mais pour faire
« des échanges avec eux.

« Ma réponse fut pesée par les grands de la ville et elle fut
« transmise par un messager au Sultan. Je restai avec ma

« caravane dans un endroit écarté, attendant avec patience le
« résultat de sa décision.

« Le Sultan répondit qu'il était très-satisfait d'entrer en
« relation avec des envoyés des Français, qu'il les invitait à
« venir le voir et à loger dans son palais.

« Le lendemain je quittai les Oulad-Saïd entouré de félici-
« tations et d'égards, car la décision du Sultan avait modifié
« tous les esprits, et après une journée de marche, traversant
« de beaux villages et de grandes et belles plantations de
« palmiers, j'arrivai à Ti-Mimoûn.

« La caravane ne s'arrêta qu'à la porte de la demeure du
« Sultan, qui est une immense habitation sans luxe mais assez
« bien fortifiée. La réception qui me fut faite correspondait
« aux paroles bienveillantes qui m'avaient été adressées. Je
« suis resté constamment chez le sultan Hadj-Mohammed-
« Abd-Errhamam, qui est entouré d'une suite nombreuse d
« chefs indigènes. De race nègre, comme tous ceux qui l'en-
« tourent, le Sultan paraît âgé de soixante à soixante-cinq ans ;
« il est très-bien conservé et porte sa barbe qui est toute
« blanche. Je ne puis comparer son habitation qu'au pavillon
« des officiers à Mascara ; elle a trois étages et paraît d'autant
« plus élevée qu'aux environs de Ti-Mimoûn le terrain est
« tout en plaine.

« Au milieu d'une cour très-spacieuse, il y a un puits qui
« fournit de l'eau sans jamais tarir. Aussi loin que la vue puisse
« s'étendre, du haut de cette habitation, on n'aperçoit que des
« palmiers au milieu desquels on distingue de nombreux
« villages.

« La ville de Ti-Mimoûn ressemble beaucoup à celle des
« Oulad-Saïd ; il y a des rues très-larges et très-spacieuses,
« d'autres qui sont étroites et obscures par le rapprochement
« des murailles extérieures comme cela existe à Alger.

« La réception du Sultan fut très-encourageante ; il régnait
« bien parmi les grands une certaine hostilité et je crus, après
« plusieurs jours d'observation, pouvoir l'attribuer à la jalousie
« que leur inspirait l'arrivée d'un concurrent des caravanes
« qui viennent par le Maroc.

« Les boutiques ressemblent à celles que tiennent chez

« nous les marchands Mozabites ; elles abondent en sucre,
« café, épices, et surtout en ouvrages de maroquinerie.

« Le Maroc envoie de Tafilet une grande quantité de *Filali*,
« que les ouvriers de Ti-Mimoûn transforment, avec beaucoup
« d'art, en objets d'utilité ou de fantaisie.

« C'est à Ti-Mimoûn, qui n'a pas moins de quatre à cinq
« mille maisons, qu'est le centre véritable des opérations entre
« le Soudan et le Maroc ou les caravanes qui viennent de
« l'extrême Orient par Tunis.

« Les dents d'éléphant, les plumes d'autruches, les peaux de
« panthères, de lion et d'autres animaux inconnus à l'Algérie
« y sont les objets du plus fréquent échange.

« La poudre et les bijoux de l'or le plus pur y sont très-
« abondants, à ce point, qu'il ne serait pas difficile d'échanger
« rapidement plusieurs centaines de mille francs de monnaie
« d'argent, métal d'autant plus précieux pour les habitants du
« Gourara qu'il leur est à peu près inconnu, contre pareille
« somme de poudre d'or et avec un très-grand bénéfice pour
« notre commerce.

« Les Anglais envoient par Fez et Tafilet, sur les marchés
« de cette contrée qui est très-peuplée, une quantité prodi-
« gieuse de sucre, de café, de cotonnades et d'autres denrées

« J'observai qu'à côté de mœurs très-douces, les habitants
« de Ti-Mimoûn étaient de très-fidèles croyants, et que l'ins-
« truction était fort répandue dans l'enfance ; les denrées dont
« je parvins à me défaire le plus rapidement furent le papier et
« l'encre. J'en aurais apporté la charge des soixante chameaux
« que je conduisais, qu'elle eût été immédiatement vendue.

« Les grands qui entouraient le Sultan ne pouvant obtenir
« mon renvoi, se rejetèrent sur la marchandise et prétendirent
« qu'elle était empoisonnée. Je fis devant eux l'épreuve, en
« buvant du café mélangé avec le sucre qui provenait de ma
« caravane ; puis, je fis établir la comparaison entre les sucres
« que les marchands mozabites leur vendaient, et cette com-
« paraison resta tout entière à l'avantage des marchandises
« françaises. Au delà de Ti-Mimoûn, on arrive à Tidi Kelt,
« après sept journées de marche au milieu de villes, de vil-
« lages et de contrées qui ne ressemblent en rien à celles

« que l'on parcourt pour aller à Ti-Mimoûn. Le pays change
« totalement d'aspect; il y a des montagnes et des vallées, de
« belles forêts composées d'arbres immenses et inconnus en
« Algérie; des vignes, des figuiers et beaucoup de sources
« naturelles.

« Au delà de Tidi-Kelt jusqu'à Tombouctou, c'est encore le
« désert. Quinze journées sont nécessaires pour le traverser.
« C'est là surtout que les Touaregs font de fréquentes appa-
« ritions, c'est sur ce point qu'ils prélèvent les droits énormes
« qu'ils imposent aux caravanes à main armée.

« A Ti-Mimoûn, aux Oulad-Saïd et dans tout le Gourara
« les habitants portent de très-belles armes fabriquées à Cons-
« tantinople, dans le Maroc et quelques-unes dans le pays
« même.

« Les chevaux y sont très-rares et ne servent qu'aux riches;
« ils sont d'une beauté incomparable et paraissent appartenir
« à une race supérieure à celle de l'Algérie. La possession
« d'un cheval est un signe certain de fortune et de consi-
« dération.

« Il y a une quantité prodigieuse d'ânes, aussi gros que
« ceux de l'Espagne et très-vigoureux, mais le chameau y
« règne sans partage. Le *Mehari* surtout, à l'aide duquel le
« désert qui sépare le Soudan de Tidi-Kelt, peut être rapide-
« ment franchi.

« Il est un fait que je ne puis laisser dans l'ombre, et qui
« servira à montrer sur quel pied il est utile d'établir nos
« relations avec les peuples de l'intérieur de l'Afrique. M. le
« commandant Colonieu a visité le Gourara, et il a été bien
« reçu jusqu'à Ti-Mimoûn, dont l'entrée lui fut interdite;
« néanmoins, immédiatement après son départ, les habitants
« construisirent un fort, une espèce de redoute où furent
« cachés les trésors du sultan. Les populations craignaient
« qu'il ne revînt avec une armée pour s'emparer du Gourara.
« J'ai vu cette redoute qui n'offrirait aucune résistance sé-
« rieuse, mais elle exprime le sentiment qui anime les peu-
« plades soupçonneuses du Soudan, et j'ai trouvé là l'expli-
« cation de la répulsion que les grands de la cour du sultan
« avaient manifestée contre moi.

« L'Angleterre, qui fait avec cette contrée un immense com-
« merce, n'apparaît point, elle n'emploie que des agents indi-
« gènes, des Israélites ou des Arabes de Fez et du Maroc. Ses
« produits s'écoulent vite et sans difficulté. J'ai trouvé à Ti-
« Mimoûn plusieurs marchands juifs qui y font librement un
« grand commerce.

« La France est, pour ainsi, dire aux portes du Soudan, mais
« elle montre trop souvent l'uniforme des officiers qui com-
« mandent les troupes qui protégent l'Algérie.

« Le commerce chez les Arabes se faisait, du temps des
« Turcs sous le bernouss, presque en cachette, parce que
« celui qui vendait était censé possesseur de quelques biens.

« Si un espion turc (et il y en avait partout!) s'en aperce-
« vait, une amende frappait immédiatement le marchand. La
« spoliation était alors la règle gouvernementale. Il est résulté
« de cette éducation une grande défiance chez tous les Ara-
« bes, et une tendance à cacher ce qu'ils possèdent. Dans le
« Gourara, comme dans les tribus qui avoisinent le désert,
« ces sentiments de crainte sont restés entiers. De longtemps
« on ne pourra leur faire comprendre le pouvoir désintéressé
« de la France, et toutes les fois qu'apparaîtra l'uniforme des
« officiers français, cette crainte renaîtra et sera exploitée par
« les marabouts au préjudice des relations commerciales. Il
« est donc très-important, dans l'intérêt de l'industrie fran-
« çaise, de n'établir avec le Gourara que des relations d'é-
« change, et de n'employer que des agents indigènes. Il n'y
« a aucun avantage pour la France à conquérir les contrées
« qui sont situées par delà les sables, et il y en a un immense
« à laisser les commerçants s'emparer peu à peu de l'esprit
« des habitants.

« Je devais repartir avec des marchandises du Soudan, mais
« ma caravane n'arrivait qu'après celles du Maroc et de la
« Tunisie. La plupart des produits avaient été accaparés par
« mes devanciers, il fallut donc me résigner à transiger avec
« les circonstances. Le Sultan me remit un reçu de toutes les
« marchandises, promettant de favoriser les échanges entre
« le mandataire que je laisserais et les caravanes qui appor-
« teraient de Tombouctou des dents d'éléphant, des dépouilles

« d'autruche, des pelleteries, de l'or soit en pépites soit en
« lingots. Je partis chargé de dattes et emportant quelques
« échantillons, entre autres du salpêtre et du filali transformé
« en babouches, dont l'écoulement s'est fait dans les villages
« que j'ai parcourus avant d'arriver à Géryville. Je n'ai point
« exactement repris la même route pour revenir du Gourara,
« j'ai parcouru un chemin encore plus court que celui que
« les caravanes suivent, et j'ai traversé un grand nombre de
« tribus où le commerce d'échange serait très-facile à établir
« et donnerait des résultats fort avantageux. »

Ici se termine le récit d'Ali. Il éclaire d'un jour tout nouveau
l'importance de la colonie et fait comprendre tous les avantages que l'industrie française peut retirer de l'application du
décret du 25 juin 1860, qui autorise, sur les frontières du sud
de l'Algérie, la libre introduction en franchise de toutes les
productions du Soudan

IV

Il est évident, pour tout esprit de bonne foi, que l'institution séculaire des caravanes indigènes partant de Sidi-Chikh pour le Gourara, a tracé la route à suivre pour arriver à Tombouctou, que les marchandises d'origine française trouveront dans toute cette contrée un écoulement immédiat et assuré. Le traité conclu entre le commandant Mircher et les chefs des Touaregs ne saurait ici trouver une application importante, car la caravane qui part de Sidi-Chikh est assez puissante pour résister à toute attaque à main armée.

Les Touaregs n'ont rien de commun avec les peuplades du Gourara. Ce sont des bandes armées que le commerce préoccupe fort peu, et qui, au dire d'Ali et de plusieurs personnes qui ont longtemps vécu chez Si-Hamza et qui les ont vues de près, vivent bien plus de la dîme prélevée sur les caravanes, que des échanges. Ce sont des hôtes fort incommodes, et leur présence du côté de l'Oasis de Sidi-Mansour, ou dans les environs des Oulad-Saïd, est, pour les habitants, l'occasion d'une surveillance plus attentive. Ce sont les Pirates du désert, armés de la lance, du bouclier, de pistolets et de poignards, outillage plus commode pour détrousser les passants que pour attirer la confiance des marchands paisibles.

Ils ne sont point redoutés par les Oulad-Sidi-Chikh, avec q . ils sont obligés de garder beaucoup de ménagements et chez qui, plus d'une fois, ils ont trouvé l'hospitalité dans leur détresse. Les Touaregs pouvaient être utiles à nos relations commerciales; mais, comme le dit Ali dans son langage figuré : « Ils ont englouti plus de caravanes que le simoun! »

Leurs mœurs guerrières, leur humeur vagabonde, le peu d'assiette de leurs institutions sociales, le soin qu'ils prennent

d'avoir toujours le visage voilé, et la présence continuelle au-
près de leurs postes de *Meharis* pouvant faire cent lieues en
un jour, les placent entre l'Algérie et le Soudan comme une
sorte de monstre fantastique, nageant ou volant sur cette
bête étrange, dans cette mer desséchée qu'on appelle le désert
du Sahara. Ils ne touchent à droite ou à gauche sur la rive
que pour y flairer une proie.

Les Oasis sont leurs repaires ; aux caravanes qui viennent
du Maroc, de Tunis, ils prennent les armes, les chameaux, les
étoffes précieuses, et ils les *forcent* à accepter en échange des
négresses ou des enfants volés aux habitants du Gourara, qui
pourraient leur dire comme l'âne de la fable :

> .... Vous nous fîtes, seigneur,
> En les croquant, beaucoup d'honneur.

Les bonnes dispositions des chefs Othmann-Ben-el-Hadj-
Bechir et du cheick Ikhenaukhen peuvent amortir, à l'endroit
des caravanes françaises, la soif de pillage qui caractérise les
tribus Azgars, mais elles seront impuissantes à transformer
des races qui ont traversé toutes les périodes de la civilisation
arabe sans se modifier. Tout ce qu'on pourra obtenir, à l'aide
de l'influence déjà acquise, c'est la libre circulation de nos
produits. Ce qu'on obtiendra probablement, c'est le développement des instincts pillards des Touaregs sur tout autre
point que ceux qui avoisinent nos frontières du sud.

Les points principaux qui ressortent du voyage d'Ali sont
les suivants :

1° Il existe, par delà nos possessions algériennes, des peuples qui ont une assiette régulière, un état social plus avancé
que celui de la plupart des tribus de l'Algérie elle-même :

2° Ces populations sont accessibles à des relations commerciales, et offrent un immense débouché aux produits de toute
sorte de l'industrie française ;

3° La route la plus courte, la plus sûre, c'est Géryville,
l'Oasis de Sidi-Mansour, les Oulad-Saïd et Ti-Mimoûn.

Quelque opinion que l'on ait sur les Touaregs, qu'on les
considère comme des pirates dangereux pour tout ce qui

confie sa fortune à la région des sables, ou bien qu'on ne voie en eux que des tribus guerrières, exagérant les instincts de la race arabe, et pervertissant, pour les besoins de leur existence nomade, la plupart des coutumes, il n'en est pas moins avéré qu'ils ne constituent pas la population normale des régions séparées de l'Algérie par le désert.

Les peuplades du Gourara habitent des villes, sont industrielles et commerçantes; elles ne se déplacent point au gré d'une fantaisie; chaque famille a sa maison, sa plantation de palmiers, son foyer. Ce n'est plus la tente qui se déplace à volonté, c'est un degré d'attachement bien plus sérieux, c'est, en un mot, ce que nous voudrions voir inaugurer dans toute l'Algérie, le trait d'union le plus puissant de l'homme au sol natal, le toit paternel!

Leur gouvernement est doux, paisible, patriarcal, bienveillant. La réception faite à Ali par le sultan Abd-Errhamam le prouve surabondamment. Si quelque doute venait à percer tant sur la relation de ce voyage que sur les bonnes dispositions du Sultan, la lettre suivante, dont l'original a été entre nos mains avant d'arriver à son destinataire Ali, suffirait à l'anéantir.

LOUANGE A DIEU SEUL!

« De la part du soussigné Si-Ali-Ben-Mehrin, mille saluts
« sur vous. En ce qui concerne les marchandises, il faut
« qu'elles soient de bonne qualité, mais pour l'indigo en petite
« quantité. Les calicots doivent être bons et à bon marché.
« Si-Cheick (1) est arrivé, nous n'avons presque rien vendu
« de votre dépôt, nous faisons cependant tout ce qu'il est
« possible de faire pour écouler vos marchandises.
 . « Salut de notre part sur ceux qui vous aiment, et mille
« saluts sur le chef des chrétiens.

« MOHAMMED-BEN-ABD-ERRHAMAM, BEN-EL-HADJ-MOHAMMED,
« BEN-ABD-EL-KERIM. »

---

(1) Si-Cheick est un grand chef des environs de Tombouctou, qui préside aux échanges entre les caravanes du Soudan et celles qui viennent à Ti-Mimoûn.

On voit par cette lettre que non-seulement le sultan Abd-Errhamam prend un grand intérêt aux relations commerciales établies par Ali, mais encore qu'il réclame de nouveaux envois de marchandises. D'autres lettres arrivées en même temps de Ti-Mimoûn et qu'il ne nous est pas permis de produire par respect pour une entreprise qui ne nous appartient pas, nous ont démontré que les ouvertures tentées par M. Solari ne sont que les préliminaires d'une immense entreprise de très-facile exécution ; on y établit une nomenclature des marchandises dont l'écoulement sera très-rapide : l'encre, le papier, les fils de fer de toute dimension, l'ambre, le corail (dont on ne sait que faire sur la côte d'Algérie, aux environs de la Calle), les chaînes, les haches, les cotons, les mouchoirs, voire même les haïcks et les bernouss ; enfin de l'argent monnayé, car, ajoute-t-on : « Vous auriez autant de poudre d'or et de produits du Soudan que vous le désirerez ; mais dans tout échange il faut faire intervenir un peu d'argent, c'est le seul moyen de rendre les habitants du Soudan favorables. »

Ces faits bien établis, les véritables ports de l'Algérie, au point de vue commercial, seraient donc situés aux frontières sud de nos possessions ; ce seraient Laghouat et Géryville, partant enfin d'où partent les grandes caravanes qui vont au Gourara ou chez les Touat, et derrière lesquelles s'abriteraient les envoyés du commerce français.

On a dit souvent des tribus algériennes : Que faire d'un peuple qui ne consomme pas ?

La réponse était faite immédiatement par ceux-là même qui posaient cette question ; la voici : Rester au rivage, percevoir des impôts, laisser à Dieu le soin d'instruire ce peuple et de verser l'abondance sur ses sillons et la fécondité sur ses troupeaux !

Nous répondrons, nous, que l'Arabe consomme en raison de ses besoins qui sont relativement inférieurs à ceux des peuples civilisés ; mais enfin il consomme, car l'importation en Algérie des produits français a déjà atteint un chiffre de plus de cent trente millions. En outre, la production sur le sol de l'Algérie ne commencera réellement que le jour où l'Arabe sera rivé à sa patrie par la propriété. Or, la production est toujours adé-

quate de la consommation. Enfin, tout commentaire devient
inutile devant le récit d'Ali et devant une première expérience
tentée dans les régions du Sahara. A la question suivante que
nous adressions à notre voyageur : Que penses-tu du commerce français dans le Gourara ? voici ce qu'il répondit :

« Je pense que les peuples du Gourara peuvent consommer
« deux fois autant de produits français que les tribus de l'Al-
« gérie tout entière, car, perdues au milieu des sables elles
« ont plus de besoins, et d'ailleurs, ajoutait-il, ces populations
« qui ne font point *parler la poudre* entre elles, comme les
« Arabes, sont bien plus riches ! »

L'Angleterre n'a dépensé ni un homme ni un coup de canon,
elle n'a mis en avant aucune influence militaire pour avancer
au cœur de l'Afrique et elle y est représentée par un commerce
immense. Partout on trouve ses produits !

Gibraltar, que l'on croirait volontiers un arsenal maritime
placé aux portes de la Méditerranée et entretenu à grands frais,
est bien plutôt un immense entrepôt, où les Juifs de Fez, de
Tétouan ; les marchands arabes, les Mozabites surtout, viennent chercher les denrées qui alimentent le Maroc, le Gourara
et par delà les régions plus éloignées et plus riches du Soudan.

L'établissement des comptoirs français aux Oulad-Saïd, à
Ti-Mimoûn, à Tidi-Kelt est donc la conséquence des relations
nouvelles créées par cette première tentative, c'est la concurrence entre les produits de l'industrie française et les produits
anglais.

Une fois le commerce français implanté dans le Gourara
que devient la distance qui sépare Tidi-Kelt de Tombouctou ?

V

Pour qui a fréquenté la race arabe, pour qui connaît l'aptitude merveilleuse qu'a ce peuple à modifier ses moyens de transport selon ses besoins, la solution est toute trouvée.

Le chameau qui, dans les plateaux du Tell à surface solide, est un animal de transport, sobre, vigoureux, doux à manier et facile à conduire, subit dans les contrées du Sahara une éducation spéciale qui en fait un être nouveau. Il devient par cette éducation et par le croisement le *Mehari*. Le *Mehari* est le véritable rail-way du désert, il a en lui la vitesse de l'autruche et de la machine à vapeur. Tandis que le chameau porteur fait en moyenne dix lieues dans un jour, le *Mehari* en fait cinquante, quatre-vingts et même cent, sans se reposer un seul instant.

Il ne marche plus, il galope ou plutôt il vole à travers les sables et cela explique pourquoi les Touaregs, qui n'ont pas d'autres moyens de transport et qui sont en guerre perpétuelle avec les Chàmbas et d'autres tribus, peuvent parcourir des distances aussi considérables pour les atteindre ou pour atteindre des caravanes qui n'ont pas une force suffisante pour se défendre.

Les Arabes, habitués au *Mehari*, considèrent l'espace qui sépare Tidi-Kelt de Tombouctou comme très-peu important. Interrogé sur ce point, Ali nous faisait une réponse curieuse.

« Oserais-tu aller jusqu'à Tombouctou ?

« — Donne-moi une caravane de cent chameaux chargée « de douros et je te ramènerai une caravane chargée d'or ! »

C'est qu'en effet les habitants du Soudan comme ceux du Gourara possèdent une quantité prodigieuse d'or natif et qu'ils convoitent principalement les pièces de monnaie d'Espagne, peu soucieux d'ailleurs des avantages que nous pouvons réaliser dans les échanges.

Les régions dont Ali raconte l'importance seraient donc placées entre le Soudan et l'Algérie, comme les îles Mayorque et Minorque au milieu de la Méditerranée; des points intermédiaires de commerce, de refuge, de repos et de ravitaillement.

Remarquons, en effet, que d'après le rapport d'Ali, huit journées de marche dans le petit désert séparent l'Oued-el-Benoud de l'Oasis de Sidi-Mansour, qu'à très-peu de distance de cette Oasis, on entre dans une contrée toute peuplée de villages et de villes importantes.

A partir de Tidi-Kelt, il y a quinze journées de marche jusqu'à Tombouctou, « mais, dit Ali, c'est dans cet intervalle « que les Touaregs font les plus fréquentes apparitions! »

Cette parole d'Ali a une grande signification. La véritable marchandise d'échange que les Touaregs tirent de Tombouctou, c'est l'esclave..., c'est dans le désert qui sépare le Soudan de Tidi-Kelt qu'ils procèdent à l'enlèvement des enfants ou des femmes, qu'ils dirigent ensuite du côté de Tunis, du Maroc..., ou même sur nos frontières..., et la preuve c'est qu'Ali en avait acheté une fort belle pour la modeste somme de.... cent douros!

On ne peut nier l'influence acquise sur les chefs indigènes par les gouverneurs de l'Algérie. Cette influence doit s'étendre jusqu'aux peuplades, qui obéissent beaucoup plus à la voix des marabouts qu'à celle des cheikhs. Déjà les transactions sur les laines et les grains se font avec une grande facilité sur les plateaux du Tell. Là précisément, où campent les tribus les plus considérables de l'Algérie; là où est le producteur, où sont les terres labourables toujours fertiles. Il y a, sous ce rapport comme sous bien d'autres, un immense progrès réalisé en Algérie. Il s'agit de pousser plus loin, d'aller au cœur de l'Afrique.

Une des conditions indispensables à l'accomplissement d'un pareil voyage, c'est de ne point manquer d'eau. Ce n'est point sans quelques raisons que toute la contrée occupée par les

Oasis de Sidi-Mansour, par le Touat et les environs du Gourara a été appelée le *pays de la soif!*

L'eau manque-t-elle dans le désert? Oui, à la surface; non si l'art intervient.

« Dans les guerres des Touaregs et des Châmbas on a vu
« un parti conserver l'avantage sur l'autre pendant plus de
« vingt ans, grâce à la connaissance d'une source ignorée de
« ses adversaires. Les nappes d'eau jaillissante ouvertes dans
« notre Sahara ont fait naître de riches Oasis dans des lieux
« où toute végétation semblait être à jamais ensevelie dans
« un linceuil de sable. » (De Polignac, *opere cit.*)

L'existence du Grand-Puits des caravanes où s'abreuvent plus de vingt mille chameaux, sans compter les provisions que les chameliers emportent dans des outres; le peu de profondeur de ce puits suffisent pour démontrer que partout où la sonde artésienne sera plantée, on pourra créer des Oasis, des îles d'abord au milieu des sables fixés par la culture du palmier, rapidement peuplées par des familles indigènes.

Sait-on bien ce qu'est le palmier dans nos régions à forêts luxuriantes, où une datte, ce fruit délicieux, est considérée comme une véritable curiosité?

La fortune dans le Gourara se compte par le nombre de palmiers qu'une famille possède. Le palmier rapporte en moyenne *dix francs* par an, sans compter l'usage que l'indigène peut faire du bois, qui est excellent pour les constructions. Partout où il y a de l'eau, et même là où il n'y en a pas, le palmier pousse et prospère. Creusez dans la région des sables un puits artésien, immédiatement le sable est fixé par la végétation, puis une forêt de palmiers s'élève là où il n'y avait qu'une onde mouvante. Qu'on établisse par la pensée le rapport entre les sommes consacrées au creusement des puits artésiens et le rendement de ces forêts d'une création nouvelle, et il ne sera pas bien difficile de comprendre qu'en réalité les peuplades les plus riches de l'Afrique sont celles qui habitent les contrées qui apparaissent à notre imagination comme les plus déshéritées.

Que vont chercher dans le Gourara toutes les tribus du Tell, du Maroc et de la Tunisie, qui accomplissent ce voyage périlleux par caravanes de cent mille têtes de bétail? — Des dattes! c'est-à-dire le pain de tous.

Les chevaux dans le Gourara sont nourris avec les dattes. Les chameaux dans le désert sont nourris avec les dattes. Ce qu'ils rapportent surtout, ce sont les dattes, que l'on met en silos et qu'on en retire pour la consommation quotidienne jusqu'à la récolte suivante.

On peut calculer à trois cents le nombre de palmiers que porte un hectare de terrain. À six ans, cet arbre est en plein rapport, et sa vieillesse, loin de diminuer le rendement, ne fait que l'augmenter. Il est facile de comprendre qu'une Oasis est une véritable richesse, et que les Indigènes qui vivent du produit de cette récolte, doivent être relativement très-riches.

VI

Nous avons étudié tous les objets rapportés par Ali. Quoique en très-petit nombre, eu égard à ce qu'il aurait pu trouver s'il avait eu des correspondants à Tombouctou et dans le Gourara, ils n'en méritent pas moins une attention sérieuse.

Il a rapporté des babouches en *filali* admirablement travaillées, des ballots de filali venus de Tafilet, dans le Maroc, ville où se préparent ces cuirs inimitables.

Des tapis en coton, travaillés par les femmes indigènes, et qui, par leur solidité, par leurs teintes bizarres, pourraient figurer dans certaines expositions. Le coton, avons-nous dit, croît spontanément et à l'état arborescent dans tout le Gourara, et le tissage à la main prend aux femmes tout le temps qu'elles ne consacrent point aux usages domestiques. Nous avons remarqué principalement une coloration bleue, d'une solidité extrême, résistant à tout lavage; or, on sait que cette teinte est la plus difficile à fixer sur les cotonnades.

Une ceinture en soie et laine si merveilleusement travaillée, que notre amour-propre national froissé en faisait hommage aux métiers les plus habiles de Saint-Étienne et de Lyon.

De la poudre d'or, des bijoux en or massif, boucles d'oreille ou chaînettes à brins tordus; bracelets et anneaux de servage que les femmes portent au-dessus de la cheville, nous paraissaient faire concurrence aux plus beaux ornements que nous ayons vus déchirer les oreilles des femmes arabes. Ce sont toujours des bijoux coulés dans une matrice et plus remarquables par la pureté du métal que par la main-d'œuvre artistique.

M. Jacques Solari nous a donné à analyser un échantillon de salpêtre, très-beau, parfaitement cristallisé et d'apparence très-pure. Au dire d'Ali, des gisements immenses existeraient dans le Gourara, qui suffiraient à l'approvisionnement de toutes les puissances européennes, qui aiment tant à faire parler la poudre.

Cet échantillon ne renfermait pas moins de 63 pour 100 de nitrate de potasse pur.

Quant aux produits plus importants que le Soudan peut fournir à la France, les dattes, qui ne sont point appelées à rester dans le domaine de l'alimentation, mais qui peuvent par la distillation fournir une quantité prodigieuse d'alcool, nous avons assez insisté sur leur importance et nous n'hésitons pas à dire qu'il n'est pas de forêt en Europe qui vaille une forêt de palmiers, ni d'arbre fruitier qui ait un rendement plus assuré.

Les pelleteries, les dents d'élépnant, les dépouilles d'autruche, étaient accaparées par les marchands venus du Maroc, au profit de l'Angleterre; à peine si les descendants de Si-Hamza peuvent en trouver quelques douzaines pour entretenir le commerce de Paris et de Lyon.

Il n'est pas jusqu'à certaines pâtes qu'on a légèrement appelées *les bonbons du Soudan*, comme s'il s'agissait des marrons glacés de Boissier, préparations usitées en Orient pour réveiller les sens endormis et pour donner aux vieillards le courage de renouveler le *sacrifice* d'Abraham avec Sarah, qu'Ali n'ait cru devoir rapporter comme un spécimen des mœurs des peuples du Soudan !

La majeure partie des marchandises rapportées par la caravane ont trouvé un placement rapide dans les tribus qu'Ali a rencontrées sur son passage, lors de son retour, à des conditions très-avantageuses.

Le décret du 20 juin 1860 a donc trouvé une application rapide des principes qu'il consacre. La route du Soudan est désormais tracée, et ce n'est plus un mythe ni un rêve d'imaginations malades.

Est-ce tout? ne reste-t il rien à faire pour favoriser l'œuvre péniblement commencée, et la France doit-elle s'en rapporter simplement aux indications qui seront fournies par les chefs des Touaregs et à l'expérience qu'ils ont des régions du Sahara?

L'art. 4 du traité qui a été conclu avec eux est très-large, et montre que la France ne marchande point sa confiance.

Art. 4. « Le gouvernement général de l'Algérie s'en remet
« à la loyauté, à la bonne foi et à l'expérience des chefs
« Touaregs pour la détermination des routes commerciales
« les plus avantageuses à ouvrir au commerce français vers
« le Soudan, et comme témoignage de son bon vouloir envers
« la nation Touareg, il fera volontiers, lorsque ces routes se-
« ront bien fixées, les frais de leur amélioration matérielle au
« profit de tous, soit par des travaux d'art, soit par l'établisse-
« ment de nouveaux puits ou la remise en bonnes conditions
« de ceux qui existaient antérieurement. »

Les termes de cet engagement ne laissent aucun doute sur les intentions du gouvernement français; mais nous sommes heureux de constater que ce n'est point de la part des chefs indigènes qu'est venue l'initiative de cette expédition. Or, il est impossible de ne pas faire pour des commerçants français ce qu'on ferait pour des Touaregs.

Nous pensons donc que la publication de la relation de ce voyage servira à faire saisir toute l'importance qu'il y a à compter avant tout sur nous-même.

Quelque mérite qu'ait à nos yeux M. Jacques Solari, quelque intelligence que le fidèle Ali-Ben-Mehrin ait montrée, n'y a-t-il pas lieu de suivre la trace qui a été imprimée dans le désert par cette caravane et d'activer le développement de cette entreprise? La route est toute tracée, et il n'est pas besoin de la demander à Si-Othmann. Sur la carte de l'Algérie, c'est la plus directe. Des intérêts sont déjà engagés; un comptoir est créé à Ti-Mimoûn ; la faveur du sultan Abd-Errhamani nous est acquise.

Nous ne doutons pas un seul instant que le commerce français, que le conseil supérieur assemblé à Alger sous la présidence de M. de Forcade de la Roquette, auquel nous nous sommes fait un devoir de faire connaître le travail que nous livrons à la publicité, ne sollicitent du gouvernement une étude très-attentive de cette question, et que des mesures qu'il serait trop ambitieux à nous d'indiquer garantissent pour toujours la sûreté de la route suivie par Ali-Ben-Mehrin.

Coup d'œil rapide sur les informations obtenues depuis la fin du XVIIIe siècle, au sujet de l'intérieur de l'Afrique septentrionale, comparées avec les découvertes faites jusqu'à ce jour, suivi de réflexions sur l'hydrographie, etc.; par M. l'abbé DINOMÉ, in-8°. . . . . 4 fr.

Étude des routes suivies par les Arabes dans la partie méridionale de l'Algérie et de la régence de Tunis, pour servir à l'établissement du réseau géographique de ces contrées, par M. E. CARETTE, commandant du génie, 1854 ; un vol. gr. in-8° avec une belle carte. . . . . 15 fr.

Recherches sur la géographie et le commerce de l'Algérie méridionale, par M. E. CARETTE, accompagnées d'une notice sur la géographie de l'Afrique septentrionale et d'une carte par M. RENOU, 1854, un vol. gr. in-8° avec trois cartes. . . . . 15 fr.

Recherches sur les origines et les migrations des principales tribus de l'Afrique septentrionale et particulièrement de l'Algérie, par M. E. CARETTE, 1853, un vol. gr. in-8°. 12 fr.

Études sur la Kabylie proprement dite, par M. E. CARETTE, 1848, deux vol. in 8° avec une carte de la Kabylie, grand-aigle. . . . . . . 24 fr.

Mémoires historiques et géographiques sur l'Algérie, par M. E. PÉLISSIER, 1844, un vol. gr. in-8°. . . . . 12 fr.

Histoire de l'Afrique de Moh'ammed-Ben-abi-el-Raïni-el-K'aïrouani, traduite de l'arabe, par MM. E. PÉLISSIER et RÉMUSAT, 1845, un vol. gr. in-8°. 12 fr.

Recherches géographiques sur le Maroc, par M. E. RENOU, suivies d'itinéraires et de renseignements sur le pays de Sous et autres parties méridionales du Maroc, recueillies par M. AD. BERBRUGGER, 1846, un volume gr. in-8° avec une carte du Maroc. . . . . 12 fr.

Voyage dans le sud de l'Algérie et des États barbaresques de l'ouest et de l'est, par Al-Aliaci-Moula-Ahmed, traduits par M. AD. BERBRUGGER, 1846, grand in-8°. 12 fr.

Description de la régence de Tunis, par M. E. PÉLISSIER, 1853, un volume gr. in-8° avec une carte. . . . . 12 fr.

Géologie de l'Algérie, par M. E. RENOU, accompagnée d'une *Notice minéralogique* sur le massif d'Alger, par M. RAVERGIE, 1848, un vol. gr. in-4° avec quatre planches et une carte géologique. . . . . 25 fr.

Recherches de physique générale sur la Méditerranée, par M. G. AIMÉ, 1845, gr. in-4° avec planches, t. I. . . . . 30 fr.

Observations sur le magnétisme terrestre, par LE MÊME, 1846, gr. in-4° avec planches, t. II. 36 fr.

Indicateur général de l'Algérie. Description géographique, historique et statistique de toutes les localités comprises dans les trois provinces, par M. V. BÉRARD, 2ᵉ édit., avec une carte de l'Algérie, par M. O. MAC-CARTHY, et des plans des villes d'Alger, de Contantine et d'Oran, par M. CH. PORTMANN, un fort vol. in-8°. Alger, Bastide. . . . . . 4 fr.; relié toile 5 fr.

Géographie physique, économique et politique de l'Algérie, par M. O. MAC-CARTHY, un vol. in-18 (Alger, Dubos). . . . . . 3 fr.; relié toile 4 fr. 50

Les Kébaïles du Djerdjera. Études nouvelles sur les pays vulgairement appelés la grande Kabylie, par C. DEVAUX, capitaine au 1ᵉʳ zouaves, ancien chef de bureau arabe, ex-commandant des postes de Beni-Mançour et de Dra-el-Mizane, un fort vol. in-18. . . . . 4 fr.

Souvenirs d'un voyage au Maroc, par M. REY, 1844, in-8°. . . 2 fr. 50

Les Khouan, de la constitution des ordres religieux musulmans en Algérie, par M. CH. BROSSELARD, in-8°. . . . . 1 fr. 25

La régence de Tunis, par M. HYACINTHE DE CHARENCEY, in-8°. . 1 fr. 50

Collection considérable d'ouvrages sur l'Algérie, les colonies et l'Orient.

REVUE MARITIME ET COLONIALE (Ministère de la marine et des colonies), suite à la *Revue algérienne et coloniale*, 1859-1860, et à la *Revue coloniale*, 1843 à 1858. — Voyages, Explorations, Découvertes, Ethnographie, Hydrographie, Arsenaux, Produits coloniaux, Cartes, Plans, etc., etc. — Paraissant tous les mois par cahiers de 10 à 12 feuilles grand in-8° Prix de l'abonnement : pour Paris, 25 fr.; pour les départements, l'Algérie et l'étranger, *les frais de poste en sus;* pour *les Colonies françaises,* 35 fr.

EXPOSÉ DES SIGNES DE NUMÉRATION *usités chez les peuples orientaux anciens et modernes,* par A.-P. PIHAN, prote de la typographie orientale à l'Imprimerie impériale.— Cet ouvrage, qui a mérité à son auteur un prix d'encouragement de l'Institut, contient plus de 12.000 signes de numération dont la collection complète n'existe dans aucune autre imprimerie. — Un beau volume in-8°, prix net : 7 fr.

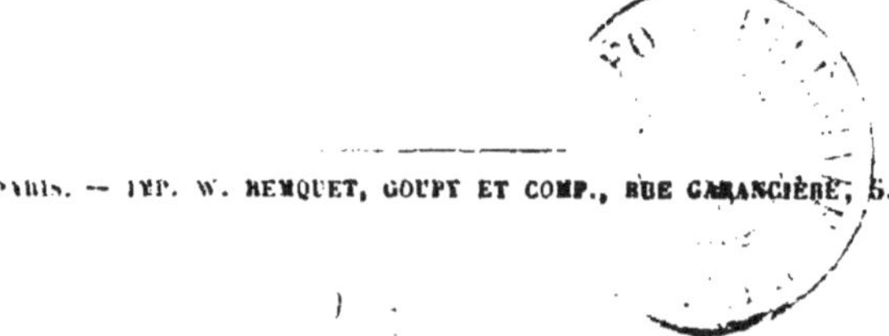

PARIS. — TYP. W. REMQUET, GOUPY ET COMP., RUE GARANCIÈRE, 5.

Coup d'œil rapide sur les informations obtenues depuis la fin du XVIIIe siècle, au sujet de l'intérieur de l'Afrique septentrionale, comparées avec les découvertes faites jusqu'à ce jour, suivi de réflexions sur l'hydrographie, etc.; par M. l'abbé DINOMÉ, in-8°. . . . . 4 fr.

Étude des routes suivies par les Arabes dans la partie méridionale de l'Algérie et de la régence de Tunis, pour servir à l'établissement du réseau géographique de ces contrées, par M. E. CARETTE, commandant du génie, 1854; un vol. gr. in-8° avec une belle carte. . . . . 15 fr.

Recherches sur la géographie et le commerce de l'Algérie méridionale, par M. E. CARETTE, accompagnées d'une notice sur la géographie de l'Afrique septentrionale et d'une carte par M. RENOU, 1854, un vol. gr. in-8° avec trois cartes. . . . . 15 fr.

Recherches sur les origines et les migrations des principales tribus de l'Afrique septentrionale et particulièrement de l'Algérie, par M. E. CARETTE, 1853, un vol. gr. in-8°. . . . . 12 fr.

Études sur la Kabylie proprement dite, par M. E. CARETTE, 1848, deux vol. in-8° avec une carte de la Kabylie, grand-aigle. . . . . . . 24 fr.

Mémoires historiques et géographiques sur l'Algérie, par M. E. PÉLISSIER, 1844, un vol. gr. in-8°. . . . . 12 fr.

Histoire de l'Afrique de Moh'ammed-Ben-abi-el-Raïni-el-K'aïrouani, traduite de l'arabe, par MM. E. PÉLISSIER et RÉMUSAT, 1845, un vol. gr. in-8°. 12 fr.

Recherches géographiques sur le Maroc, par M. E. RENOU, suivies d'itinéraires et de renseignements sur le pays de Sous et autres parties méridionales du Maroc, recueillies par M. AD. BERBRUGGER, 1846, un volume gr. in-8° avec une carte du Maroc. . . . . 12 fr.

Voyage dans le sud de l'Algérie et des États barbaresques de l'ouest et de l'est, par Al-Aliaci-Moula-Ahmed, traduits par M. AD. BERBRUGGER, 1846, grand in-8°. . . . . 12 fr.

Description de la régence de Tunis, par M. E. PÉLISSIER, 1853, un volume gr. in-8° avec une carte. . . . . 12 fr.

Géologie de l'Algérie, par M. E. RENOU, accompagnée d'une *Notice minéralogique* sur le massif d'Alger, par M. RAVERGIE, 1848, un vol. gr. in-4° avec quatre planches et une carte géologique. . . . . 25 fr.

Recherches de physique générale sur la Méditerranée, par M. G. AIMÉ, 1845, gr. in-4° avec planches, t. I. . . . . 30 fr.

Observations sur le magnétisme terrestre, par LE MÊME, 1846, gr. in-4° avec planches, t. II. . . . . 36 fr.

Indicateur général de l'Algérie. Description géographique, historique et statistique de toutes les localités comprises dans les tro's provinces, par M. V. BÉRARD, 2ᵉ édit., avec une carte de l'Algérie, par M. O. MAC-CARTHY, et des plans des villes d'Alger, de Contantine et d'Oran, par M. CH. PORTMANN, un fort vol. in-8°. Alger, Bastide. . . . . . 4 fr.; relié toile 5 fr.

Géographie physique, économique et politique de l'Algérie, par M. O. MAC-CARTHY, un vol. in-18 (Alger, Dubos). . . . . . 3 fr.; relié toile 4 fr. 50

Les Kébaïles du Djerdjera. Études nouvelles sur les pays vulgairement appelés la grande Kabylie, par C. DEVAUX, capitaine au 1ᵉʳ zouaves, ancien chef de bureau arabe, ex-commandant des postes de Beni-Mançour et de Dra-el-Mizane, un fort vol. in-18. . . . . 4 fr.

Souvenirs d'un voyage au Maroc, par M. REY, 1844, in-8°. . . 2 fr 50

Les Khouan, de la constitution des ordres religieux musulmans en Algérie, par M. CH. BROSSELARD, in-8°. . . . . 1 fr. 25

La régence de Tunis, par M. HYACINTHE DE CHARENCEY, in-8°. . 1 fr. 50

Collection considérable d'ouvrages sur l'Algérie, les colonies et l'Orient.

REVUE MARITIME ET COLONIALE (Ministère de la marine et des colonies), suite à la *Revue algérienne et coloniale*, 1859-1860, et à la *Revue coloniale*, 1843 à 1858. — Voyages, Explorations, Découvertes, Ethnographie, Hydrographie, Arsenaux, Produits coloniaux, Cartes, Plans, etc., etc. — Paraissant tous les mois par cahiers de 10 à 12 feuilles grand in-8°. Prix de l'abonnement : pour Paris, 25 fr.; pour les départements, l'Algérie et l'étranger, *les frais de poste en sus*; pour *les Colonies françaises*, 35 fr.

EXPOSÉ DES SIGNES DE NUMÉRATION us'tés *chez les peuples orientaux anciens et modernes*, par A.-P. PIHAN, prote de la typographie orientale à l'Imprimerie impériale. — Cet ouvrage, qui a mérité à son auteur un prix d'encouragement de l'Institut, contient plus de 12,000 signes de numération dont la collection complète n'existe dans aucune autre imprimerie. — Un beau volume in-8°, prix net : 7 fr.

PARIS. — IMP. W. REMQUET, GOUPY ET COMP., RUE GARANCIÈRE, 5.

www.ingramcontent.com/pod-product-compliance
Lightning Source LLC
Chambersburg PA
CBHW051341050726
47595CB00006B/2349